斎藤一人 億万長者論

宮本真由美
Mayumi Miyamoto

ロング新書

はじめに

今から二〇年ほど前、とんでもなくステキで、めちゃくちゃ楽しい紳士と出会いました。

そして、私はその紳士から、とっても不思議なことを教わりました。

それは、

「二度と不幸にはなれない方法」

人生には試練がつきものだ――そう、いいますよね。受験や就職

試験に落ちたとか、失恋したとか、気が合わない上司がいるとかね。

それから、仕事がうまくいかないとか、病気になってしまったとか。

この世の中には人それぞれ、本当にいろんな試練があります。

でも、その素敵な紳士が教えてくれたことを実践すると、どんな試練もヒョイっと避けて、毎日楽しく笑って過ごせるんです。


経済的な成功と精神的な成功、両方とも手に入ります！

しかも、その方法は、「やろう」と思った人なら、誰でも簡単にできるんです。

信じられない話のように思えますよね!?

でも、本当なんです。

実際、私がそうなってしまったのです。

これからより具体的に、私が何を教わって、何をどうして、そして、どうなったかを紹介していきます。

ただし、信じたくない人は、無理に信じなくてもいいですよ。でも、私は心のなかで本当はこう願いながら、この本を書きました。


「この本を手にとってくれたあなたに、すべてのよきことが、なだれのごとく起きます!!」

さぁ、ページをめくってください。
明るく笑えて、二度と不幸になれない世界が、〝今、ここ〟から
はじまります。

宮本真由美

もくじ♥

本文イラスト／宮本真由美

♥奇跡が起きた!!

新緑が千年の古都、京都に彩りをそえていたある日のことです。

私のマンションに、懐かしい人から電話がかかってきました。

「宮本さん、おめでとー!!」

「えっ!?　あのぉ……、すみません、どなたですか?」

「あっ、ゴメンなさい。うれしくて、つい興奮しちゃって。私ですよ……」

電話の主は、以前、私が住んでいたマンションの管理人さんでした。

「ごぶさたです。ところで、何か、あったんですか？」

「今日の新聞見てないの？　宮本さんの名前が、京都の高額納税者の欄に載ってるよ。おめでとう!!」

「ええっ!!　本当ですか!?」

頭が真っ白になる、という表現がありますが、このときの私はまさしくそういう状態でした。

なぜって、自分の名前が高額納税者で新聞に載るなんて、普通だったら、絶対絶対、ありえませんよね!!

そんなありえないことが、私に起きてしまったのですから!

私は、東京の下町生まれの、下町育ちです。

サラリーマンの父とパート勤めの母、五歳下の妹の、家族四人で、東京都江戸川区の団地に暮らしていました。

短大を卒業した後、ある生命保険会社に入社しました。

配属先は総務部で、社員さんが使う印刷物やハンコを業者さんに注文するなど、社内の事務的な仕事をしていました。

当時のお給料は、手取りで十数万円でした。

そんな私が、OL生活にピリオドを打ち、住みなれた下町を離れて、京都で健康食品や自然化粧品の会社をはじめたのは、ほんの十数年前のことです。

コネがないどころか、京都に知り合いは一人もいません。

商売の「シ」の字ももちろん知りません。

そんな私が、大変な苦労をすることもなく、トントン拍子でうまくいって、そして、なんと高額納税者になってしまいました。

しかも、京都の由緒正しいお茶のお家元さんで、全国にたくさんのお弟子さんがいるような方のお名前と一緒に、高額納税者に、私の名前が載っていたのです。

本当に、自分自身が一番、ふるえるほどびっくりしました。

これは奇跡です!!

それ以外の何ものでもありません!!

なぜ、こんな奇跡が起きてしまったのか。

それは、ある素敵な〝紳士〟との出会いがきっかけでした。

♥運命の扉は開いた!!

私がその素敵な〝紳士〟と出会ったのは、友人の〝はなちゃん〟がやっていた、下町の小さな喫茶店「十夢想家《トムソーヤ》」さんでした。

「まゆちゃん、最近ね、ウチのお店に、白いジャガーに乗った、すっごいステキで、とってもおもしろい紳士がくるんだよ。まゆちゃんもおいでよ」

はなちゃんから、そういう話を聞いた好奇心旺盛な私は、「十夢想家」にさっそく遊びに行くことにしました。

するとと、お店の前までくると、ピカピカに光った白いジャガーを発見しました。

「これが、例の紳士の車なんだ！　すごいなぁ。どんな素敵な人なんだろう。うわー!!　なんだか、すっごいワクワクしてきちゃった!!」

私は、ワクワクと高鳴る胸をおさえつつ、お店のドアを開けました。

「いらっしゃいませ。あっ、まゆちゃん！　グッドタイミング！

ほらっ」

はなちゃんの視線の先は、やわらかな日差しが降りそそぐ窓際の席。

そこには、品の良い身なりをした、とっても素敵な男性がコーヒーを飲んでいました。

（わぁ、なんてかっこよくて品のある素敵な男性《ひと》なんだろう!!）と思いました。

男性の素敵さに見とれていた私に、はなちゃんが、

「まゆちゃん、そんなところに立っていないで、さぁ、中に入って。一緒に話を聞こうよ」といってくれました。

「本当？　いいの？」

すると、紳士は私のほうを見て、やさしく笑顔で、こういってくれました。

「こっちで一緒にお茶でも飲んで、お話ししましょう」

私は、まるで、紳士のやさしい言葉に吸い込まれるように、窓際の席へと近づいていきました。

私が席につくと、はなちゃんが紅茶をもってきてくれました。そして、私にこういいました。

「この紳士はね、まるで宇宙人みたいに、いろんなこと知ってるのよ。本当にすごい人なの。何でも聞いてみてごらん！」

はなちゃんがいっていたことは本当でした。

紳士の話はとってもおもしろいし、楽しいんです。そのうえ、こちらがいろいろ質問しても、何でもスラスラと答えてくれる、とても不思議で、それでいてとっても魅力的な人でした。

私は、その魅力にすっかりハマってしまいました。

それからは、毎日のように紳士の話を聞きに、「十夢想家」に行きました。

そんなある日のこと。

何気なく、紳士は私とはじめて出会ったときのことを話し出しました。

すると、紳士が突然、こんなことをいったのです。

「真由美ちゃんにとっては〝あのとき〟が私と最初の出会いだったよね。でもね、実は、私、その前から真由美ちゃんのことを知っていたんだよ」

「えぇー!?」

♥「二度と不幸になれない」のはじまり

私は、急にドキドキしてきました。

（どこかの居酒屋さんで会ったのかな？　ひょっとして、大ハシャギしているとこ、見られちゃったのかな？　どこで会ったんだろう？）

そんなことを考えていると、紳士は、

「ずっと前に、はなちゃんが主催したパーティーに参加してたでしょ。そのときに撮影したビデオを、はなちゃんに見せてもらったんだよ。そのビデオで、真由美ちゃんを見たんだよ」

ホッ、としました。でも……。

（たった、一度、ビデオで見たぐらいで、私のことを覚えているなんてどういうこと！　やっぱり、はなちゃんがいう通り、この人、宇宙人？　うーん。すごい!!）

そう思った瞬間、私は、以前からずっと思い描いていた私の夢が、実現するかしないかを、紳士に聞いてみようと思いました。

「あのー、質問してもいいですか？　私、今より、もっと、しあわせになりたいんです。経済的にも豊かになりたいんです。億万長者になりたいんです。なれますか?」

すると、紳士は、即、こういいました。

「なれるよ」

そして、続けてこういいました。

「しあわせになれる方法を、私は知ってるよ。それを教

えてあげよう。

ただね……」

「ただ、何ですか?」

私は、ドキドキしながら、訊ねました。

すると、紳士は、

「ただ、真由美ちゃんね、この話を聞いちゃうと、二度と不幸にはなれないんだけど……。いいかな?」

〝二度と不幸にはなれない〟って、すごくいいじゃないですか！
それは、願ってもないぐらい、いい話ですよね！
当然、私は、紳士に、
「もちろんです!!　その話の続きを教えてください」とお願いしました。
すると、紳士は、
「わかったよ。じゃあ、真由美ちゃん、
『ついてる』っていってごらん」

「『ついてる』……ですか？」
私は紳士の意外な言葉に、ちょっと拍子抜けしてしまいました。
「わかりました。『ついてる』ですね。
ついてる！　ついてる！　ついてる！
もっといった方がいいですか？」
紳士は、ニコニコしながら、
「ありがとう、もういいよ。じゃあ、次ね。

大事なのは、ここからなの。今は『ついてる！』って、いえたんだけど、次は、ついてないときに『ついてる！』って、いえるようになる訓練をしてごらん」

「……!?」

私は、あ然としてしまいました。

だって、ついてないときは、ついてないって、普通は誰でもいいますよね。

さっぱり、ワケがわかりませんでした。

でも、そんなワケがわからない顔の私に、紳士は気づいてくれました。

そして、紳士は、ひとつひとつ例題をあげて、わかりやすく、やさしく、私に、教えてくれました。

♥しあわせのレッスン

「たとえばさ、転んじゃうときってあるよね。そういうときは、たいてい、『痛いなぁ、もう。ついてない』とかって、いっちゃうよね。その言葉を口に出さないで、代わりにこんな言葉を口にするの。

『あぁ〜、骨まで折れないでよかった。ついてる、つい

てる、ついてる』

はい、真由美ちゃん、いってごらん」

紳士にうながされて、私は同じようにくり返して、口に出していいました。

すると、

「じゃあ、もうひとつ例題出すよ。前と同じようにいってみてね。

真由美ちゃんが、道を歩いていたら、鳩のフンがポタっと、頭に落ちてしまいました。

『何なの、汚いなぁ。ついてない』という言葉を、口に出さずにグっと飲み込んで、その代わりにこういうんだよ。

『あぁ〜、岩石が落ちてこなくてよかった。ついてる、ついてる、ついてる』」

私はまた、紳士の言葉のあとについて、同じように口に出して、くり返しました。

くり返しながら、私は、こんなことを考えていました。

（なるほど、おもしろいなぁ。でも、これ、一体、何の訓練なんだろう？）

そんな私の気持ちを、察しているかのように、紳士は、突然、こんなことをいいました。
「こういうふうに、ついてないことが起きても、『ついてる』という訓練をする。
心の中では『ついてない』と思ってても、全然、いいんだよ。
でも、口から出る言葉は、どんなときも『ついてる』にするんだよ。
それって何ですか？　って、思うよね。

これはね、周りの人が聞いてて、気持ちがよくなったり、うれしくなっちゃうような言葉。そういう言葉を、いつでも口から出す、訓練なんだよ。

ついてないときに『ついてる』っていう。だけど例えば、お葬式の席でもついてるっていいなさい、っていってるんじゃないよ。それは常識だから、わかるよね（笑）」

紳士は、やさしく微笑みながらそういって、次の例題を出してくれました。

「じゃあ、次はね、真由美ちゃんは、駅の階段を駆け上がっている。でも、あとちょっとのところで電車が行っちゃった。『行っちゃったよ。こんなに一生懸命走ったのに。朝からやんなっちゃう。ついてないなぁ』

と、いっちゃう代わりにこういうんだよ」

「あー、いい運動になっちゃったなぁ。ついてる、ついてる、ついてる！」

「いい運動になっちゃったなぁ。ついてる、ついてる、ついてる！」

「じゃあ、最後。おサイフを落としちゃった。

『今月のおこづかい入ってたのに、なくなっちゃった。どうしよう。ついてない』

という言葉を出さないで、代わりに、こういうんだよ」

「あぁ〜、命まで落とさないでよかった。ついてる、ついてる、ついてる！」

「命まで落とさないでよかった。ついてる、ついてる、ついてる！」

そういったところで、ふと、私の頭に、ある疑問が浮かんできました。

「ひとつ聞いてもいいですか？
どうしても、何がついてるか、思いつかないし、思えないようなことって、ありますよね？
そんなことが起きたときは、どうしたらいいんですか？」

私は、紳士に、そう訊ねました。

すると、

「大丈夫だよ、真由美ちゃん。
そういうときは、口に出して、こういうんだよ」

「想像もできないぐらいついてる！　ついてる、ついてる、ついてる！」

「なるほど〜!!　すごーい！　想像もできないくらいついてる！　ついてる、ついてる、ついてる！」

「真由美ちゃん、この訓練の大切なのは、『ついてる』って、全然思ってなくていいから、口に出していえばいいんだよ。
『ついてる』といえば、本当についてくるんだよ。

だって、そうでしょ。
真田美ちゃんが、おそば屋さんにいって、天ぷらソバが食べたいと心のなかで思ってても、『鍋焼きうどん、ください』っていったら、鍋焼きうどんが出てくるよね。

口に出したことが、現実に起きてくるんだよ」

「ということは、つまり、その理論で行くと、『ついてない』という言葉を口にすると、ついてない出来事が起きちゃう、ということですよね？」

「そうだよ。
だから、今、教えた、いつでも『ついてる』っていう訓練を続けるんだよ。
そうして、ずっと続けると、どうなると思う？」

「どうなるの？」

紳士は、ニコっと笑い、そして、こういいました。

「神さまから、おっきい、おっきい、プレゼントをもらうことができるんだよ」

その言葉に、私は、ものすごくワクワクしてしまいました。
そして、こう宣言しました。

「私、やります！　やり続けます!!」

♥最初の一歩「ついてる！」

紳士から教わった〝いつでも「ついてる」という訓練〟を始めて、間もない頃でした。

私は、友人たちと、新宿で買い物を楽しんでいました。

歩き疲れたので、喫茶店でお茶をすることにしました。

頼んだアイスティーが、私のもとへ運ばれてきました。

私の目はグラスの中身にクギづけになってしまいました。
アイスティーの水面に、小さな虫がプカリと浮かんでいたからです。
「まゆちゃん、どうしたの？」
私がじっと見ていたグラスをのぞきこんだ友人たちも、絶句していました。
一瞬、時間が止まったような気がしました。
私の耳には、店内に流れる音楽も、他のお客さんたちの声も聞こえません。
そんなとき、

「ついてないときに、『ついてる』って、いうんだよ」

あの紳士の声が聞こえてきました。

（これが〝ついてる〟の訓練なんだ。

私のだけに虫が入っていたんだもん。普通は、〝ついてない〟だよね。

今までの私だったら、「お客さんに出す前にチェックしないのかな、まったく。こんなこと、普通はありえないよね」

って、きっと、口に出していってたよね……）

「……まゆちゃん、ねぇ、まゆちゃんてば、聞いてるの？」

友人の声に気づいた私は、パッと顔を上げました。

友人たちを見ると、心配そうな顔、怒った顔、気の毒がっている顔。

そんな顔をながめながら、私は、ゆっくり、しぼり出すようにして、

「こ、こんなこと、めったにないよね。と、いうことは……、ついてるよね！ついてる！ついてる！ついてる！」

みんなきょとんとした顔で、しばしの沈黙。

「ん、うふふふ、わっはっはっは!!」

どうしたわけか、私はおかしくなって、笑ってしまいました。友人たちも、一緒になって、笑ってしまいました。

(ついてないときに『ついてる』っていったら、みんな楽しくなった!! すごい!!

しかも、意外とウケるなんて、これは、絶対、いただき!)

すでに、私の心からは、嫌な気持ちまで消え去っていました。

そして、私は、お店の人に、笑顔で事情を説明し、新しいアイスティーにかえてもらいました。

これが、私にとって、最初の「ついてる」と口に出す訓練の実践でした。

♥想像もできないぐらい「ついてる」出来事

それから数日後。

私は再び、「十夢想家」で、紳士と出会いました。

「やぁ、真由美ちゃん、あいかわらず元気そうだね」

「ありがとうございます。

聞いてください！

私、この前、ものすごくついてることがあったんですよ」

私は、新宿での出来事を、紳士に聞いてもらいました。

「ハハハ……。ホント、ついてる話だね」

「でしょー。

でも、ついてるっていって、笑っちゃったら、不思議だけど、もう、怒れないの」

すると、紳士は深くうなずいて、こう、いいました。

「そうだよね。

だから、ついてないときこそ、『ついてる』っていうんだよ。そして、いつどんなときでも、『ついてる』っていえるように訓練しておくんだよ。

そうすれば、どんなについてないと思うことがあっても、頭が勝手についてる理由を見つけだすようになるんだよ。

すると、不思議なことに、本当についてる出来事が起きてくるんだよ」

その通り、この後、さらに、「想像もできないぐらいついてる」
出来事が、私に、起きてしまったのです。

それは、ある夜のこと。
お風呂からあがった私は、耳に入った水を綿棒でとろうとして、
耳に綿棒を入れていました。
でも、この日はよほど疲れていたんですね。
綿棒を両耳に入れたまま、眠ってしまったんです。
そのとき、
「ブチっ」

その音に驚いて、私は飛び起きました。

その振動で、右耳の綿棒はポロリと落ちたのですが、左耳に入れた綿棒は……。

「うわぁっ、突きささっちゃってる〜」

おそるおそる、綿棒を引き抜き、その先を見ると、ちょっと血がついていました。

左の耳元で、手をパンパン、パンパン。

「聞こえない……。どうしよう！　鼓膜《こまく》、やぶれちゃった」

あわてて、家庭の医学書を調べてみると、鼓膜は皮膚と同じで、自然に再生する、と書いてありました。

救急車を呼ぶほどではなさそうなので、翌日、朝一番で、耳鼻科に行くことにして、床についたのですが、

「ついてる?

左耳は聞こえないし、仕事は午前中、休まなきゃいけないよね。

今、一番忙しいときなのに。

この忙しいときに、上司のAさんに『午前中、休ませてください』っていったら、いい顔はしないよなぁ。

これも『ついてる』なのかなぁ?

『ついてる』っていえば、鼓膜が、すぐもと通りになるといいのになぁ……。

って、そんなバカなことあるわけないよね⁉

ついてる！　ついてる！　ついてる！……」

そんなふうに、心のなかで、あーでもない、こーでもない、と考えているうちに眠ってしまいました。

♥やっぱり「想像もできないぐらいついていた！」

翌朝、私は、近所の耳鼻科に行きました。

お医者さんは、

「あぁ、ホントだ。鼓膜が破れてますねぇ〜」

というと、ちょ、ちょっと左耳を消毒し、綿をつめて、「一ヵ月ぐらいしたら再生しますから、そしたら、聞こえるようになりますよ」

これで、手当ては終了。

何となくもの足りなさを感じつつも、私は、耳鼻科を出て、駅に向かって歩きはじめました。

その途中、

「おーい、真由美じゃないか。

今日は仕事、休みかい？」

友人で、車の教習所の教官をしている〝忠夫ちゃん〟と出会いました。

「う～ん。そうじゃなくって、ちょっとね……。
これから、会社に行くんだ」
私は、昨晩の出来事を切り出せず、そのまま、その場を立ち去ろうとしました。
でも、忠夫ちゃんは、なぜか、なかなか、私を解放してくれません。
「何だよ、うかない顔してない？
何かあったのかい？」
「いや。えーっと。
つっ、つっ、ついてることがあったの」

私は、いつになく、かぼそい声でいいました。
「もうちょっと、大きな声でいってくれないかい。よく聞こえないんだよ」
(聞こえない、って、それ、私のことじゃないの)
私は、心のなかでそういいつつも、気をとりなおし、
「だから、その……。
あれ！　あれ！
想像もできないぐらい、ついてることがあったの！
ついてる！　ついてる！　ついてる！」

そして、前夜から今日までのいきさつを話しました。
すると、忠夫ちゃんは、お腹を抱えて笑いながら、こういいました。
「ワハハハ……、笑ってゴメン。
でも、鼓膜が破れたのが、『想像もできないぐらいついてる』って、最高だよ！」
「本当？　最高!?」
「うん、本当、最高だよ！
大笑いしたら、楽しくなっちゃったよ。
ありがとう。

おかげで、今日も一日、明るい気分で仕事ができるよ。じゃあな。
真由美も、仕事がんばれよ！」
忠夫ちゃんは、そういうと、去っていきました。
忠夫ちゃんにホメられて（？）、すっかり、気分をよくした私は、
「やったぁ！ ついてる！
今日も元気に出勤しよう!!」
と、会社に向かいました。

会社に着いた私は、まず、上司のAさんに謝りにいき、そして、
自分の席に戻って、山積みになった仕事をやりはじめました。

すると、隣の席にすわっている先輩OLさんが、私のほうへ顔をよせてきて、こういいました。

「朝からAさん、忙しくって、ブチブチいっていたのよ」

しかたがありません。

猫の手も借りたいほど忙しいときに、突然、私が午前中、休みをとってしまったんですから。

でも、ラッキー！（？）

私には、Aさんが何をいっているか、よく聞こえないのです。

Aさんのデスクは私の左側、ちょっと離れたところにあります。

Aさんの話を聞こうと思ったら、鼓膜がやぶれていない右耳をA

さんのほうに向けないと聞こえないんです。

「先輩、私、何いわれても、よく聞こえないんで、大丈夫ですから！　心配しないでください。とにかく、午前中の分、とりもどしますよ!!」

するとと、先輩は、

「あんたってスゴイね!!　堂々としていて、頼もしいよ、宮本！」

私は、先輩からの、思いがけないほめ言葉に、驚きました。

「ほんとうですか？　ありがとうございます！」

と……。

ところが、そのとき、私の頭に突如として、こんな考えが浮かんできました。

(あっ！　いっていた通りになっちゃった)

というのも、以前の私は、Aさんから何か注意をされると、その度に心のなかで、こういっていたのです。

(またかー。もう、お小言は聞きたくないよ)

そのことを思い出した途端、私は、ハッとしました。

〝聞きたくない〟といってしまった。

そして、今、現実に聞こえなくなった。

つまり、〝聞きたくない〟といったら、本当に聞こえなくなってしまった。

紳士のいっていたのは、本当なんだと。

「口に出したことが、現実に起きてくるんだよ」

と、そのとき、瞬間にパッとひらめいたことがありました。

「私、考えかたも間違っていた。

Aさんは、私のためを思って、必要なことを注意したり、大切なことを指導してくれていたんだ。
それなのに感謝が足りなかったよね。
そうか！　そうなんだよね」

と、いうことは、

「自分の考え方が、間違っていたことに気づけた!!
よかった。やっぱり、ついてるんだねッ!!
ついてる！　ついてる！　ついてる！」

♥天の声が聞こえる

その日の仕事を終えた私は、自分の気づいたことが、正しいかどうかを確めるために、「十夢想家」に向かいました。

到着すると、お店のドアには「CLOSE」（閉店）の札がかかっていました。

でも、カーテンのすきまからこぼれる光と、わずかながら聞こえ

る人の笑い声で、紳士がいることがわかりました。

「ついてる！」

そういった瞬間、ドアが開いて、なかから、お店の常連さんたちが出てきました。

「あぁ、真由美ちゃん。ずいぶん遅かったね。今日は、もうお話はおわりだよ」

「お話、楽しかった？　聞きたかったなぁ。

でも、あの不思議な紳士、まだ、いるよね？」
「何だい、真由美ちゃん。
ここにいるよ」
店のなかをのぞくと、紳士がいつもの席にすわって、手をふって
いました。
「ちょっと聞きたいことがあるんです。
あのね……」
私が、ひと通り話し終えると、紳士は落ち着いた声で、こういい
ました。

「真由美ちゃん。
それは、本当に、想像もできないぐらいついてたね。
鼓膜はやぶれたけど、真由美ちゃんには、
天の声が聞こえたんだよ」

「天の声?」
私は、ドキドキしながら、そう聞き返しました。

「そうだよ。
その声は、人をしあわせの道のほうへと導いてくれる声なんだよ」

「そのしあわせの道って、見えるんですか？」

「肉眼では見えないんだよ。
だけど、真由美ちゃんの心の奥にある光は、ちゃんとしあわせの道へのいきかたを知っているんだよ。
だから、何も心配いらないよ」

私は、紳士のおだやかな口調に、今日あった出来事も、今までのすべての出来事も、すっかり解決した、そんな、とてもいい気分になりました。

そして、心からの安心感をおぼえました。

「ありがとうございます。

なんだか、ものすごく、すっきりしました！

じゃ、私、帰りまーす」

私がそういって、帰ろうとすると、紳士は、

「真由美ちゃん、ちょっと待って」

そういって、カバンのなかから、一本のカセットテープを取り出し、私に手渡してくれました。

《人生の岐路《きろ》》
そのテープには、そんなタイトルが書いてありました。
「さっきまで、私が話していたのを、はなちゃんが録音してくれたんだ。
よかったら、これ、聞いてみてごらん」
「うれしい！
やっぱり、私って、ついてる！
早く聞きたいなぁ。
ちょっと、さわりだけでも、聞いていこうかな」

《人生の岐路《きろ》》

今から、不思議な話をします。

信じなくていいですよ。

人は、生まれてくる前に、自分の人生のストーリーを決めて、この世に生まれてきます。

その、自分が決めたストーリーのなかには、いろいろと盛り上が

る場面をいくつか決めてきます。

それを、人は「試練」といいます。

試練というのは、心を試験して練り上げる。

要するに、本来、試練とは、その試練をクリアーすることによって、精神的に成長して、人生がさらに楽しく、素晴らしくなる、というものなんです。

ところが、たいていの人は、試練にあうと、苦しんだり、悲しんだり、困ったりします。

そして、神さまや観音さまに拝んだりします。

でも、神さまや観音さまは、その人がいってることを、いつも二ニコニコ笑って、聞いているんです。


なんでニコニコ笑っていられるかというと、その人が、本当は、困っていないことを知っているからなんです。

だって、自分で決めてきた試練なんですから。

つまり、その人は、ただ、自分で決めてきた試練を「経験」しているだけなんです。


で、ここからが、「人生の岐路」という話なんだけど。

たとえば、「あのとき、自分は受験に失敗しなければ……」とか、

「あのとき、あの会社に入れてたら……」とか、「あぁー、あのときが、自分の人生の岐路だった！」って、よく、そういうよね。
だけど、実は、それは、本当の「人生の岐路」じゃないんだよ。

本当の人生の岐路は、毎日、あなたが会う人、会う人、すべての人が、実は「人生の岐路」なんだよ。

ピピっ、ピピっ、ピピっ――。

突然、私の腕時計が、門限三〇分前をつげました。

「あー、もっと聞きたいけれど、もう時間だ。
ごめんなさい。
家の門限が一〇時なので、続きは家で聞きます。
いいテープいただけて、私、本当についてます!!」
私が、そういうと、紳士は、うれしそうに笑って、
「真由美ちゃんの『ついてる』も、ずいぶん板についてきたね。
相当、訓練をつんできたね」
「はい!!
おかげさまで、今、私、ものすごく毎日が楽しくて、ハッピー!!
もう、どんなことがあっても、楽しくて、笑っちゃうんです。で

も、私、もっと楽しくて、もっと、しあわせになりたいんです!!」

紳士は、しばらく、私の目をじぃっと見つめていました。

そして、こんなことをいったのです。

「それなら、真由美ちゃん。
神さまのお手伝い、してみるかい?」

私は、突然、紳士の口から出てきた、

「神さまのお手伝い」

という言葉に、一瞬、驚いてしまいました。
なぜって、私は、神さまにあったことがありません。
それでも、神さまのお手伝いをすることができるのかなぁ、と思いました。

「大丈夫だよ、真由美ちゃん。
次に会ったときに、くわしく話してあげるからね」

私は、ワクワクしながら、その日を待っていました。

♥すごく簡単で、楽しい神さまのお手伝い

待望の〝その日〟は、すぐやってきました。

私は、まず、「神さまのお手伝い」という言葉の意味を確かめたくて、

「あのー。

神さまって、どこにいるんですか?」
ちょっと遠慮がちに、そう訊ねました。
すると、紳士は、明るい声で笑いながら、こういいました。

「神さまは、この世にはいないよ。
神さまは、天国にいるんだよ。
だけど、その代わりに、この世には、神さまのお手伝いをしている人がいる。

その、神さまのお手伝いをする人には、神さまが、とってもステキな奇跡を、プレゼントをしてくれるんだよ。

神さまのお手伝い、っていっても、宗教とか、そういう話とは、全然、関係ないからね。ただの言葉遊びだと思ってくれればいいよ。

そして、大切なのは、ここからなんだけど、実際に、『神さまのお手伝い』っていっても、何か特殊なことじゃないんだよ。

すごく簡単で、楽しい。

それが、『神さまのお手伝い』だよ。

まず、顔にピカピカとつやを出す。明るい色の洋服を着て、キラキラした光りものをつける。

そして、今、自分の目の前にいる人に、笑顔で、感じのいい言葉（天国言葉・P111参照）をしゃべる。

たった、これだけのことだよ。

これだけのことで、神さまからの、とってもステキな奇跡がプレゼントされるんだよ。

それも、普通の人には起きないような、すごい奇跡がプレゼントされるんだよ」

「それで終わり？」

「それで終わりだよ」

と紳士はやさしくいいました。
あまりに、簡単でシンプルな話でした。

「普通の人には起きないような、すごい奇跡」

私は、その言葉が、とっても気に入ってしまいました。そして、

「私、神さまのお手伝いをします！

そして、奇跡のプレゼントをもらいます!!」

と、いいました。

すると、紳士は、うれしそうな顔をして、こういいました。


「真由美ちゃんなら、きっとできるよ。

なぜなら、もう、真由美ちゃんは、いつでも『ついてる』っていう訓練をやっているよね。

神さまからプレゼントをもらう、下準備はできているんだよ。そ

して、明るく顔につやを出して、明るい服装をして、明るい言葉をしゃべる。

世間の人の心を明るくする人は、みんな神さまのお手伝いをする観音菩薩さま。
人は、みな、幸せになるために生まれてきたんだからね。それが、本当の、しあわせな姿なんだよ。

私は、そう思っているんだよ」

♥神さまからのプレゼント いいことが起きはじめた

この日を境に、私の〝神さまのお手伝い〟は、はじまりました。
今までと同じ洋服代で、できるだけ明るい色の服を選びました。
ピカピカとつやを出して、明るい顔にしました。
キラキラ光るアクセサリー（七〇〇～一〇〇〇円程度ですよ）を

身につけました。
そして、人が気持ちよく、明るくなるような言葉（天国言葉）を、
口にするようにしました。
コンビニで買い物したり、お店で食べたり飲んだりしたときは、
店員さんに**「ありがとう」**と、いうようにしました。
道路工事で交通整理をしている人には、**「いつもご苦労さま」**
デパートで、おトイレをお掃除してくれる人に**「ありがとう」**
会社では、**「こんなにいい会社に入れてもらって、こんなにいい**
上司と先輩にかこまれて、私はついてます！」
そして、上司のAさんに注意されたら、**「いいこと教えていただ**

いて、感謝しています」

と、いいました。

友人たちや家族にも、できるだけたくさん「ありがとう」といいました。

すると、どうでしょう‼

今までと何ら変わりない毎日が、今まで以上に、楽しい充実した日々になっていったのです。

そして、本当に、次々と、いいことが起きはじめました。

ある女性の上司は、下っ端のＯＬではなかなかご一緒できないような会社のエラい方との会食の席にまで、私を呼んでくれるようになりました。

また、上司や先輩、取引業者の方からも、とってもかわいがられました。

その上、同僚や先輩、後輩からのデートのお誘いも七倍に増えました。

少しずつ少しずつ何かが動きだし、神さまからのプレゼントをもらいはじめてきたのです。

でも、そのなかでも、私にとって、一番うれしかったことは、私の身近にいる人はもちろん、二、三度、顔を合わせただけの人も、私があいさつすると、やさしい笑顔で、ちょっと照れながら、私に「ありがとう」という言葉を返してくれるようになったことです。

その笑顔、その何気ないひと言は、私の心をどんどん明るく、どんどん楽しく、どんどんしあわせにしてくれました。

私の心のなかは、今まで感じたことのない、大きな大きな豊かさでいっぱいになってきました。

「ホント‼
毎日、会う人会う人すべての人が、私をしあわせに導いてくれる人生の岐路なんだ‼
私のまわりには、しあわせの観音菩薩さまがいっぱいだねっ‼
私の人生、サイコーにしあわせ‼
ついてる！　ついてる！　ついてる！」

私は、いつの間にか、心の底から、そういえるようになっていました。

♥人はみな観音菩薩

「人はみんな観音菩薩さまだって、本当ですね!!」

私は、紳士にいいました。

すると、紳士は、深くうなずいて、こういいました。

「蓮《はす》の花って、知ってるかい?

観音さまは、蓮の花にのっているよね?
それはね、蓮の花って、本当に素晴らしいんだ。
蓮の花って、どんなに汚い、ドロだらけのところでも、キレイな花を咲かせるんだよ。
しかも、咲いたその花には、ドロがついていないんだ。
人間って、この蓮の花と同じなんだよ。
人の心の奥の奥には、どの人にも、蓮の花が咲いている。
自分自身、けがれることがない、傷つくこともない、だまされることもない。

まして、誰かを傷つけることもない、だますこともない、美しい花が、どの人の心にも咲いているんだ。

その花こそが、神さまの愛と光なんだよ。

人間はみな、その〝神さまの愛と光〟でできているんだよ。

だから、人はみな観音菩薩。

そして、みな、しあわせになるために生まれてきたんだよ」


紳士は、ひと呼吸おくと、さらに続けていいました。

「だから、真由美ちゃん自身も、観音菩薩なんだよ。
ただ、今までは、そのことに気づいていなかっただけなんだよ。
観音さまが、観音さまとして生きていなかったんだよ。
でも、真由美ちゃんは、もう気づいたんだ。
だから、これからも、観音菩薩として生きてごらん。
そして、以前の真由美ちゃんのように、

〝自分が観音さまだ〟と、気がついていない人たちが、
まだ世間には、たくさんいるんだよ。

その人たちに、観音さまとして生きることの、素晴らしさを教えてあげてごらん。

それは、本当に最高の〝神さまのお手伝い〟だよね。

そうしたら、その人たちにも、真由美ちゃんにも、普通の人には起きないような、ステキな奇跡が、もっともっと、どんどん起きてくるよ」

私はやり続けました。

紳士がいった通り、さらに奇跡は起きました。

「経済的な成功と、精神的な成功」

これを手に入れるために、苦労に苦労を重ねている人が世間には
たくさんいます。

苦労を重ねても幸せが手に入れられない人もいます。

でも、本当は「人はみな観音菩薩」。
幸せを手に入れることができるんです。

今、私は、楽しく幸せで笑いながら、二つの成功を手に入れてしまったのです。

そして、二つの成功を手に入れた今も、私は、もっともっとしあわせに生きることを、止められません。

もちろん、もう二度と不幸にはなれません。

それは、「観音菩薩として生きれば、ずっとずっとハッピーだ!」ということを、私は知ってしまったから!!

そして、何よりも、毎日、出会える、あの人も、この人も、

「人はみな観音菩薩」

ということに、気がついてしまったから!!

私は、これからも、〝神さまのお手伝い〟を楽しんで笑いながら、やり続けていきます。

そして、神さまからのプレゼントをもらい続けていきます。みなさんも神さまのおっきいおっきいプレゼントを、たくさんもらってください。

だって、あなたは、

『もう二度と不幸にはなれない方法』

を知ってしまったんですから!!

心から愛と感謝を込めて

私には、忘れられない感動の思い出が、たくさんあります。

ひとつは、本書に出てきた素敵な〝紳士〟こと**斎藤一人さん**（銀座まるかん創設者で、納税額日本一の商人）が、まったく商売を知らない私に、

「真由美ちゃん、ウチの仕事をやってみるかい?」

と、いってくれたことです!!

それから、京都で自分の会社をはじめるので、生命保険会社をやめることになったときは、みなさんが盛大な送別会を開いてくれました。

会社の上司、先輩、後輩、同僚、地方の支社の人、長年お世話になった業者さんの方までもが集まって、温かく、私を送り出してくれました。

本当に感激でした。

それから、兄弟（姉妹？）弟子で、私より先に、まるかんの仕事をはじめていた**みっちゃん先生**が、事務所開きの時には、自分の会社の女の子のバイトさん三人を、わざわざ群馬から引き連れて、応援にかけつけてくれました。

この三人は、みっちゃん先生が帰った後も、しばらく、私の一DKのマンションに寝泊まりし、伝票の書き方から、荷づくりのしかたまで、手取り足取り、教えてくれました。

また、兄弟弟子のなかで、大阪に本部を置いて、全国を駆け回っていた**柴村恵美子社長さん**は、私に代わって、宅急便屋さんとの契約や、折り込チラシの業者さんとの打ち合わせまで、やってくれました。

芦川政夫社長さん、芦川勝代社長さんご夫婦には、本当にいつもいつも「何か手伝おうか」「大丈夫?」とか、仕事だけではなく、やさしくしてもらいました。

そして、私の人生の〝幸運のカギ〟をにぎっていた、**千葉純一**

社長さん!!

純ちゃんとの出会いなくして、今の私はありません！

『十夢想家』さんに私をつれていってくれたのは、純ちゃんでした。

そして、そこで、出会ったときから、いつも楽しくって陽気な素敵な仲間。

舛岡はなゑ社長さん、宇野信行社長さん、遠藤忠夫社長さん。

本当に、ずっとずっと、たくさんの愛情をいただいています。

それから、私が京都で最初に住んでいたマンションの大家さんをはじめ、今まで京都でお世話になったみなさん。

「東京から一人で来て、京都で仕事をしてるんか。立派やねぇ。がんばりや」

こんなにやさしい言葉を、私にかけてくれました。

みんな、やさしい素敵な人ばかりでした。

それから、しっかり者、ではなく、うっかり者の私のことをいつもいつも支えてくれる、まゆみ隊の特約店のみなさんと会社のスタッフのみんな。

心から感謝しています。

これからも、ともに、観音菩薩として、明るく楽しく生きて、お客さまや目の前にいる人に、愛を与えることを、一緒に楽しんでいきましょうね!!

それから、私を生んで、大切に育ててくれたお父さんお母さん。私のことをいつも応援してくれる大好きな妹、しげちゃん。

本当に本当に、ありがとうございます。
出会ったすべての人に、心から感謝しています!!

そして、この本を読んでくださった、ついてるあなた！
これから出会うであろう、ついているあなた！

すべての人に、心から愛と感謝を込めて。

「ありがとう!!」

宮本　真由美

ひとりさんからの言葉

真由美ちゃん、出版おめでとうございます。
真由美ちゃんらしい、明るく楽しい本になりましたね。
身近な話題が、読んだ人に次々と奇跡を起こしそうですね。
本当に、楽しい本をありがとうございます。

ひとり

楽しくなる言葉

地獄言葉

ついてない

不平不満

グチ・泣きごと

悪口・文句

心配ごと

ゆるせない

こういう言葉を言っていると、
もう一度こういう言葉を言ってしまうような、
イヤなことが起きます！

家庭も職場も明るく

天国言葉

ついてる

うれしい・楽しい

感謝してます

しあわせ

ありがとう

ゆるします

こういう言葉をたくさん言っていると、
また言いたくなるような、
しあわせなことがたくさん起きます！

ひとりさんとお弟子さんたちのブログについて

斎藤一人オフィシャルブログ
(一人さんご本人がやっているブログです)
https://ameblo.jp/saitou-hitori-official

お弟子さんたちのブログ

柴村恵美子さんのブログ
https://ameblo.jp/tuiteru-emiko/

舛岡はなゑさんのブログ
【ふとどきふらちな女神さま】
https://ameblo.jp/tsuki-4978/
銀座まるかん オフィスはなゑのブログ
https://ameblo.jp/hitori-myoudai-hana/

みっちゃん先生ブログ
http://mitchansensei.jugem.jp/

宮本真由美さんのブログ
https://ameblo.jp/mm4900/

千葉純一さんのブログ
https://ameblo.jp/chiba4900/

遠藤忠夫さんのブログ
https://ameblo.jp/ukon-azuki/

宇野信行さんのブログ
https://ameblo.jp/nobuyuki4499

高津りえさんのブログ
http://blog.rie-hikari.com/

おがちゃんのブログ
https://ameblo.jp/mukarayu-ogata/

４９《よく》なる参りのすすめ

４９なる参りとは、指定した４カ所を９回お参りすることです。お参りできる時間は朝10時から夕方５時までです。

◎１カ所目……ひとりさんファンクラブ　五社参り
◎２カ所目……たかつりえカウンセリングルーム　千手観音参り
◎３カ所目……オフィスはなゑ　七福神参り
◎４カ所目……新小岩香取神社と玉垣参り
（玉垣とは神社の周りの垣のことです）

ひとりさんファンクラブで４９なる参りのカードと地図を無料でもらえます。お参りすると１カ所につきハンコを１つ押してもらえます（無料）。

※新小岩香取神社ではハンコはご用意していませんので、お参りが終わったらひとりさんファンクラブで「ひとり」のハンコを押してもらってくださいね!!

ひとりさんファンクラブ

住　所：〒124-0024　東京都葛飾区新小岩1-54-5
ルミエール商店街アーケード内
営　業：朝10時～夜７時まで。
年中無休電話：03-3654-4949

各地のひとりさんスポット

ひとりさん観音：瑞宝山　総林寺
住　所：北海道河東郡上士幌町字上士幌東４線247番地
電　話：01564-2-2523

ついてる鳥居：最上三十三観音第二番　山寺千手院
住　所：山形県山形市大字山寺4753
電　話：023-695-2845

観音様までの楽しいマップ

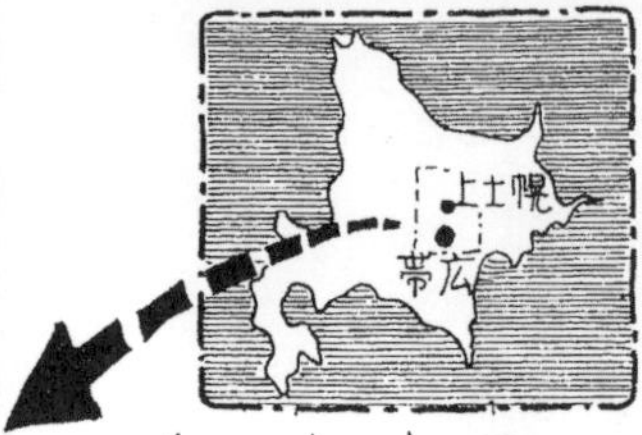

① 愛国←→幸福駅

『愛の国から幸福へ』この切符を
手にすると幸せを手にするといわれ
スゴイ人気です。ここでとれるじゃがいも
野菜・etcは幸せを呼ぶ食物かも!
特にとうもろこしのとれる季節には.
もぎたてをその場で茹でて売っている
こともあり. あまりのおいしさに
幸せを感じちゃいます.

② 十勝ワイン(池田駅)

ひとりさんは、ワイン通といわれています
そのひとりさんが大好きな十勝ワイン
を売っている十勝ワイン城があります
★十勝はあずきが有名で『赤い宝石』
と呼ばれています.

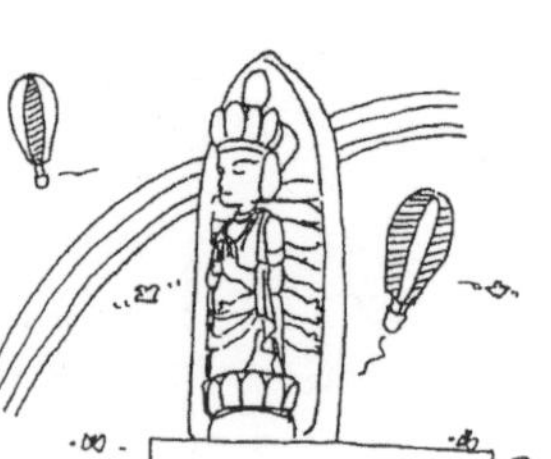

★観音様

ひとりさんの寄付により、夜になると
ライトアップして、観音様がオレンジ色
に浮かびあがり、幻想的です。
この観音様は、一人さんの弟子の1人
である柴村恵美子さんが建立しました。

③ 上士幌

上士幌町は柴村恵美子が生まれた町。
そしてバルーンの町で有名です。8月
上旬になると、全国からバルーンミスト
が大集合。様々な競技に腕を競い
合います。体験試乗もできます。
ひとりさんが安全に楽しく気球
に乗れるようにと願いを込めて
観音様の手に気球をのせています。

④ ナイタイ高原

ナイタイ高原は、日本一広く大きい牧場
です。牛や馬、そして羊もたくさんいちゃうのヨ。
そこから見渡す景色は雄大で感動!!
の一言です。ひとりさんも好きなこの場所
は行ってみる価置あり。
牧場の一番てっぺんにはロッジがあり
ます(レストラン有)。そこで、ジンギスカン
焼肉・バーベキューをしながらビールを
飲むとオイシイヨ!とってもハッピーになれ
ちゃいます。それにソフトクリームがメーチャ
オイシイ。2ケはいけちゃいますヨ。

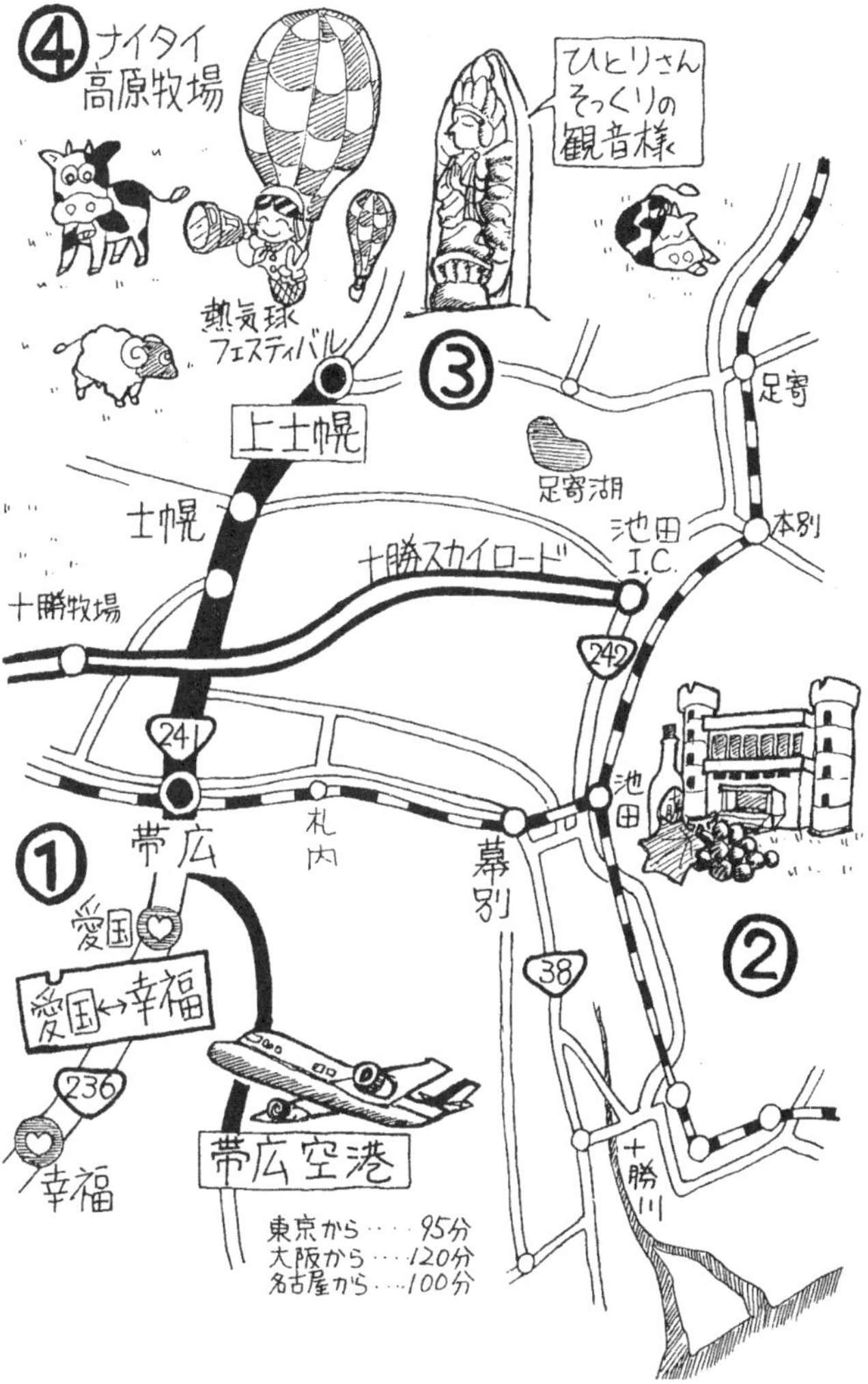

④ナイタイ高原牧場
熱気球フェスティバル
ひとりさんそっくりの観音様
③
足寄
足寄湖
上士幌
士幌
池田I.C.
本別
十勝スカイロード
十勝牧場
242
241
帯広
札内
幕別
池田
①
②
愛国
愛国↔幸福
38
236
幸福
帯広空港
十勝川
東京から……95分
大阪から……120分
名古屋から……100分

斎藤一人さんのプロフィール

東京都生まれ。実業家・著述家。ダイエット食品「スリムドカン」などのヒット商品で知られる化粧品・健康食品会社「銀座まるかん」の創設者。1993年以来、全国高額納税者番付12年間連続6位以内にランクインし、2003年には日本一になる。土地売買や株式公開などによる高額納税者が多い中、事業所得だけで多額の納税をしている人物として注目を集めた。高額納税者の発表が取りやめになった今でも、着実に業績を上げている。また、著述家としても「心の楽しさと経済的豊かさを両立させる」ための本を多数出版している。『変な人の書いた世の中のしくみ』『眼力』(ともにサンマーク出版)、『強運』『人生に成功したい人が読む本』(ともにPHP研究所)、『幸せの道』(ロングセラーズ) など著書は多数。

1993年分——第4位	1999年分——第5位
1994年分——第5位	2000年分——第5位
1995年分——第3位	2001年分——第6位
1996年分——第3位	2002年分——第2位
1997年分——第1位	2003年分——第1位
1998年分——第3位	2004年分——第4位

〈編集部注〉

読者の皆さまから、「一人さんの手がけた商品を取り扱いたいが、どこに資料請求していいかわかりません」という問合せが多数寄せられていますので、以下の資料請求先をお知らせしておきます。

フリーダイヤル 0120-497-285

本書は平成一七年一二月に弊社で出版した
書籍を新書判として改訂したものです。

斎藤一人
億万長者論

著　者　宮本真由美
発行者　真船美保子
発行所　KK ロングセラーズ
東京都新宿区高田馬場 2-1-2　〒 169-0075
電話（03）3204-5161(代)　振替　00120-7-145737
http://www.kklong.co.jp
印　刷　大日本印刷(株)
製　本　(株)難波製本

落丁・乱丁はお取り替えいたします。
※定価と発行日はカバーに表示してあります。
ISBN978-4-8454-5072-5　C0230　Printed In Japan 2018